V 2681.
4. E.

RÉFLEXIONS
SUR
LA MUSIQUE.

ERRATA.

Page 15, ligne 7 : *& démêler l'origine*, lisez *& en démêler l'origine*.

Pag. 22, ligne dernière : *l'on n'en évalue*, lisez *on n'en évalue*.

Pag. 32, ligne 8 : *son observation tient donc*, supprimez *donc*.

Pag. 39, lignes 10 & 11 : *l'oreille habituée aux conventions*, supprimez *habituée aux conventions*.

Note 4°., ligne première : *rendit*, lisez *n'avoit pas rendu*.

RÉFLEXIONS
SUR
LA MUSIQUE,
OU
Recherches sur la cause des effets qu'elle produit.

PAR M. V****.

A AMSTERDAM.
Et se trouve A PARIS,
Chez NYON L'AÎNÉ, Libraire, rue du Jardinet.

M. DCC. LXXXV.

AVANT-PROPOS.

Les discussions qui s'élevèrent, il y a quelques années, sur la préséance entre la *Musique Italienne* & la *Musique Française*, donnèrent lieu aux réflexions que je présente aujourd'hui. Je crus entrevoir que la diversité des opinions tenoit à la diversité des goûts. On sait combien les préjugés influent sur les jouissances de l'esprit : son domaine est celui de l'imagination ; & ce domaine est immense. Il ressemble à ces vastes contrées, où des nations vagabondes choisissent un domicile, qu'elles abandonnent quelquefois par nécessité, & le plus souvent par inconſtance. La mobilité eſt donc le caractère du goût dans les ouvrages d'eſprit, dont les beautés de convention doivent varier comme les lieux, les âges & les circonſtances.

Mais ce qui tient au ſentiment eſt fondé ſur une baſe inaltérable. Le cœur de l'homme eſt par-tout eſſentiellement le même : le ſentiment aura donc partout le même caractère & la même expreſſion. La ſcène attendriſſante qui fait couler des larmes à Paris, arrachera des pleurs dans tous les endroits où la nature aura placé des êtres ſenſibles. Le goût s'attachant aux formes, pourra bien imprimer un cachet particulier aux productions ſentimentales des divers pays ; mais le développement du cœur humain, mais le tableau naïf & fidelle de ſes affections, affecteront également les hommes de tous les temps & de tous les lieux.

En examinant la Musique sous ce point de vue, on est forcé de conclure que soumise, quant à l'expression même, aux caprices des temps & des nations, elle doit être rangée dans la classe des arts de pure convention. Il seroit, en effet, absurde de contester aux peuples leurs sensations : &, pour aussi séduisant, aussi naturel, qu'un art nous paroisse, s'il ne produit pas par-tout les mêmes impressions, à coup sûr il est fondé sur des principes particuliers & sur des règles arbitraires. Ces réflexions me conduisirent à analyser les moyens de l'art, en remontant, depuis la source du plaisir le plus simple qu'il nous procure, jusques à ces émotions profondes qu'il nous fait éprouver. Tel fut l'objet de ces recherches, lues, en 1776, dans une séance particulière (1) d'une Société littéraire, & ensuite dans une de ses assemblées publiques.

Prétendre que la mélodie étoit l'ouvrage de l'art, & que la Musique n'étoit pas expressive, c'étoit chercher des contradicteurs. Ce n'est pas un petit triomphe pour moi, que de pouvoir leur opposer aujourd'hui le sentiment d'un homme, dont la réputation est faite, & le mérite reconnu. M. *de Chabanon*, dans un ouvrage qu'il vient de publier sur la Musique, lui refuse, en effet, tout caractère d'imitation. J'avois été plus loin. Ne voyant dans la nature aucun modèle de notre échelle, aucune trace de nos intonations; convaincu que les plus habiles Musiciens avoient fait de

---
(1) Tenue chez M. le comte DE LA CEPÈDE.

vains efforts pour affigner les principes naturels de la mélodie ; ne voyant aucun rapport avec telle combinaifon de fons & les plaifirs qu'ils procurent à l'oreille ; n'appercevant aucune analogie entre des rapports numériques & des fenfations agréables ; éprouvant même des fenfations agréables là où l'on eft bien sûr que ces rapports n'exiftent pas, j'avois foupçonné que notre manière de mefurer les fons étoit arbitraire, fans rapport naturel avec nos affections, non plus que toutes les règles de notre mélodie. De ce principe il fuit que les fons, que nous regardons comme inappréciables, ne font tels, que parce qu'ils ne coïncident pas avec les mefures qu'il nous a plu de choifir. La nature ne fournit rien d'abfolu : l'efpèce d'unité, dont on fe fert pour mefurer l'étendue, n'est pas déterminée par la nature de la grandeur. Il m'a paru que cette réflexion étoit applicable à l'évaluation du rapport des sons, comme elle l'est à la mesure des autres sensations.

Je ne voyois enfin que deux manières de trouver notre intonation dans la nature. Il faut nécessairement qu'elle ait été donnée par la décomposition du chant naturel, ou par une loi de notre organisation, qui force impérieusement la voix de se porter sur nos intervalles. J'ai tâché de faire voir les difficultés & l'impossibilité même du premier cas, & les doutes insolubles qu'on peut former sur le second.

M. *de Chabanon* est forcé d'admettre un instinct musical, juge naturel du beau en Musique. Qu'est-ce que la Musique ? c'est, dit M. *de Chabanon*, l'art des fons (1). Mais alors on peut définir l'Architecture, l'art des pierres. Est-ce dire autre chose, sinon que la Musique est la Musique ? Selon M. *de Chabanon*, le beau (2) en Musique consiste dans une mélodie simple, naturelle, neuve & piquante. Qu'est-ce donc que la mélodie ? M. *de Chabanon* l'a déjà définie, *une succession de sons d'une durée déterminée, dont l'intonation appréciable à l'oreille, doit, pour répondre aux vues de l'art, toujours la flatter.* Mais, 1°. par quoi doit être déterminée la durée des sons ? ce ne peut être que par les loix mêmes de la mélodie, ou par des conventions que M. *de Chabanon* n'y admet pas. 2°. Une intonation n'est appréciable à l'oreille, que parce

---

(1) Réflex. prél., pag. 1.
(2) Pag. 364.

que l'oreille est exercée à l'intonation. Ainsi la définition de M. *de Chabanon* me paroît se réduire à celle-ci : La mélodie est une suite de sons d'une durée déterminée *par la mélodie*, dont l'intonation appréciable à l'oreille *exercée à cette intonation*, doit, pour répondre aux vues de l'art, toujours la flatter. Outre l'inconvénient de nous engager dans un cercle vicieux, on voit tout ce que la définition de M. *de Chabanon* offre de vague & d'indéterminé, & combien elle est peu propre à nous donner l'idée de cette simplicité & de ce naturel, qui, dans la mélodie, fait, selon lui, le caractère du beau. C'est, dit M. *de Chabanon*, (1) avec des brunettes naïves, avec des menuets, des barcaroles, des allemandes, que nous pou-

---

(1) Pag. 364.

vons faire le tour du monde, sans dépayser la Musique : (cela peut être) donc, conclut M. *de Chabanon*, il y a dans la Musique un vrai beau. Mais, pour conclure ainsi, n'eût-il pas fallu être de retour du voyage ?

Convaincu par le ramage des oiseaux, que les sons peuvent nous plaire indépendamment des règles de notre mélodie, j'entends par *mélodie*, toute succession de sons qui flatte l'oreille, mais dont le charme, toujours relatif, tient moins peut-être à l'organisation, qu'aux dispositions particulières de chaque individu. L'art qui assujettit la mélodie à des loix, est pour nous *la Musique*. Sous ce point de vue, elle est simplement *chantante*. Elle devient *théâtrale*, lorsqu'elle s'aide de moyens accessoires pour arriver à l'expression. Alors le *beau* en Musique, se compose du *chant musical*, dont j'essaie de fixer l'origine; & de l'*expression*, dont je développe la source.

Je rejette donc l'instinct ou le sentiment intime, que nous invoquons lorsque le flambeau de l'analyse s'éteint entre nos mains, comme étant l'effet d'une infinité d'habitudes & de conventions tacites, naturalisées, pour ainsi dire, en nous. C'est cet instinct qui constitue la finesse & la délicatesse du goût, toujours enfant de l'habitude, lorsqu'il ne prononce pas sur des convenances, dont le jugement puisse assigner la raison.

Forcé d'attribuer à l'habitude les grands moyens de la Musique, je crois devoir conclure que c'est de la précision, &, par conséquent, de conventions bien déterminées, qu'elle tire toute fa force. Je tâche d'expliquer par-là les effets incroyables de la Mufique chez les Grecs. Tels font les points fur lefquels je diffère d'avec M. *de Chabanon*. Je me fuis fait une loi de ne rien changer d'effentiel à mon Mémoire, depuis la lecture publique que j'en ai faite. Mon intention eft de faire connoître mon opinion, & non de contrarier celle de perfonne.

RÉFLEXIONS
SUR
LA MUSIQUE.

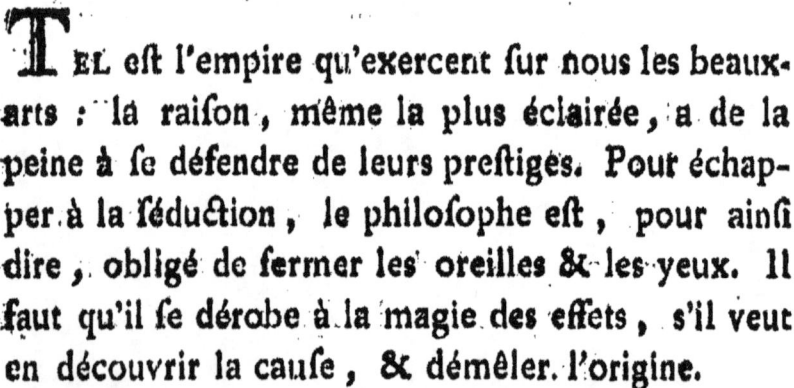

Tel est l'empire qu'exercent sur nous les beaux-arts : la raison, même la plus éclairée, a de la peine à se défendre de leurs prestiges. Pour échapper à la séduction, le philosophe est, pour ainsi dire, obligé de fermer les oreilles & les yeux. Il faut qu'il se dérobe à la magie des effets, s'il veut en découvrir la cause, & démêler l'origine.

Malheur cependant à l'artiste, & sur-tout au Musicien, qui, dans son art, ne voit qu'une convention entre les hommes! Pour lui, c'est un Dieu qui doit en être l'inventeur. Mais combien plus malheureux l'être difgracié, qui n'éprouva jamais le pouvoir de la Mufique, qui, fourd à fes divins accords, ne fentit jamais fes larmes couler aux accens d'une mélodie touchante! L'un eft privé de cet enthoufiafme religieux, de ce délire fanatique, qui, feul, infpire & réchauffe le génie : & l'autre ne connoît pas ces douces émotions, jouiffance délicieufe des ames tendres & fenfibles.

Mais d'où vient cet afcendant impérieux que la Mufique exerce fur l'homme ? Par quelle force donne-t-elle à l'ame ce léger mouvement qui la réveille, ces fecouffes violentes qui l'ébranlent, ou ces atteintes terribles & profondes qui la pénètrent ? Par quelle magie nous fait-elle chérir jufqu'au trait qui nous déchire ? La Mufique feroit-elle expreffive, c'eft-à-dire, imitative par elle-même ? ou doit-elle à l'habitude & aux préjugés les effets qu'elle produit ? La queftion que je me propofe, n'eft pas un de ces problèmes fpéculatifs, dont la folution foit indifférente au progrès de l'art : nous tâcherons d'en faire fentir l'importance, lorfque nous aurons effayé de le réfoudre.

PERSONNE n'ignore combien les affections de l'ame influent fur l'habitude phyfique du corps.

La douleur, le plaisir, & toutes les passions qui en dérivent, se rendent visibles par les altérations que les organes éprouvent. Ces impressions sont-elles profondes & constantes, les altérations subsistent; & c'est ainsi que l'homme, bon ou méchant, offre dans ses traits l'empreinte de son ame; elle se peint aussi dans les accens de sa voix.

Les modifications que les organes éprouvent dans les passions violentes, influent aussi nécessairement sur la qualité des sons, & sur leur rapport entre eux. On sait que l'air forme des sons d'autant plus aigus, qu'il est poussé dans des tuyaux de moindre dimension. Cet effet doit avoir lieu dans les impressions subites : la contraction que les muscles subissent raccourcit les conduits de la voix, & rétrécit leur calibre : l'air violemment chassé par ce double effet, s'en échappe avec force; & de-là proviennent ces cris aigus & perçans, qu'arrachent la douleur, la joie, & toutes les impressions vives & rapides.

Bientôt les organes reviennent à leurs dimensions naturelles par des mouvemens moins précipités : l'alternative de leurs oscillations, modifie successivement les sons de l'aigu au grave, & du grave à l'aigu. Tel doit être, & tel est, en effet, le caractère des gémissemens, auxquels succèdent les soupirs, & le

B

silence enfin, lorsque le mouvement oscilatoire est entièrement affoibli.

Si, dans ces circonstances, on observe la loi de la nature, on s'appercevra qu'elle file les sons, les dégrade les uns dans les autres, les fond dans ces nuances presque insensibles, que nous appellons *accent*.

Cet effet doit avoir lieu, si l'on réfléchit que les organes ne peuvent pas revenir à leur état naturel, sans passer par tous les degrés intermédiaires entre les points extrêmes qui déterminent l'étendue de leurs oscillations. Les sons doivent donc suivre autant de nuances de l'aigu au grave, & du grave à l'aigu. D'après cet exposé succinct de la manière dont les qualités des sons se trouvent liées aux affections de l'ame, on conclura aisément que l'accent, (N°. 1ere.) les cris & les gestes ont dû être le langage primitif de l'homme, comme étant le résultat nécessaire & le plus simple de son organisation, le seul qui peut être entendu de tous les peuples & dans tous les lieux, parce qu'il est le seul indépendant des conventions.

Cependant l'homme de la société dut bientôt sentir se développer en lui des passions inconnues à l'homme de la nature. Ses cris, qui n'étoient que des signes vagues de son plaisir ou de sa douleur, se trouvèrent insuffisans pour exprimer tous les mouvemens dont son ame étoit agitée. A ces caractères, trop indéterminés pour ses nouvelles affections, il fallut associer le concours d'un art (N°. 2°.) que les premiers besoins de la société avoient déjà fait éclore : & l'homme, ajoutant au geste & aux accens le secours de la parole, parvint à rendre, d'une manière plus claire & plus précise, toutes les nuances du sentiment dont il étoit affecté.

Mais, alors, ce ne fut pas assez pour l'homme de vivre avec ceux de ses semblables qui existoient autour de lui : sa vue s'agrandit ; il osa fixer ses regards sur l'avenir. Il connut la gloire ; & sentit la nécessité de consacrer à la reconnoissance des siècles les bienfaiteurs des sociétés naissantes. L'Écriture n'étoit pas inventée : la Poësie naquit de ce besoin. En aidant la mémoire, elle fixa la tradition. La fidélité en fut garantie par la difficulté de changer les expressions, sans s'exposer à rompre la mesure & la cadence. Ce fut là le premier pas vers la Musique. Dans une langue imparfaite, & par conséquent prosodique, il ne fallut que l'enthousiasme d'une déclamation véhémente pour ajouter au mouvement du mètre ce qui lui manquoit pour devenir un chant véritable.

Les Poëtes furent donc les premiers historiens des

sociétés ; ils furent aussi les premiers Musiciens. La Musique, fille de la Poësie, lui dut long-temps l'empire qu'elle exerça sur les organes grossiers de ces peuples encore sauvages. Ces deux arts furent tellement liés, dans l'enfance des nations, que, presque jusqu'à nos jours, ils furent confondus avec la Pantomime & la Danse, sous le nom commun de *Musique*. (N°. 3°.) Je ne crois pas inutile de faire observer que tous les beaux-arts furent originairement consacrés à transmettre les grands événemens qui intéressoient les nations. Le cœur aime à voir, chez des peuples barbares, la reconnoissance élever les premiers autels. Aussi les premiers sons de la Musique furent-ils des hymnes aux Dieux, c'est-à-dire, le récit enthousiaste des actions qui leur valurent l'apothéose. La Sculpture, dans son enfance, modéla les héros que la Poësie & la Musique avoient voués à la reconnoissance & à l'admiration. Ce fut dans la société perfectionnée, c'est-à-dire, dans l'état de nature entièrement dégradée, que la Musique prostitua ses chants ; la Poësie, sa lyre ; & la Sculpture, son ciseau.

La Musique, à sa naissance, se contenta d'embellir de ses accens le récit des actions héroïques : ses premiers sons furent purs, simples & grossiers, comme les héros dont elle chanta les bienfaits. Il faudroit démentir toute l'authenticité de l'histoire, pour lui assigner d'autre origine. Si je ne consultois que nos goûts efféminés, je sens qu'on aimeroit mieux lui voir prendre naissance sur les bords du Lignon ou dans les bosquets de l'Idalie, consacrer ses accens à chanter l'amour pastoral, & tranformer en scènes d'opéra les entretiens langoureux des bergers de l'Arcadie. Mais il n'entre pas dans notre objet de nous appuyer sur des fictions : nous cherchons l'histoire, & non le roman de la Musique.

Pour sentir combien un art peut différer de lui-même, il suffiroit de comparer, par la pensée, notre Musique à celle de ces premiers temps. Elle ne connut alors d'autres entraves que celle du mètre, auquel elle étoit assujettie : elle ne dut avoir d'autre génie que celui de la langue ou de la poësie des sociétés encore au berceau.

Le souffle des vents, rendant des sons plaintifs en se jouant dans les roseaux, donna, dit-on, la première idée de la flûte. L'invention de cet instrument occasionna nécessairement des révolutions dans la Musique. On sait que cette flûte, différente de la nôtre, étoit formée de plusieurs tuyaux de longueur inégale. Le nombre en fut bientôt limité : leur multiplicité eût rendu l'instrument incommode, & même inutile. Il fallut donc diviser la portée des instrumens, reglée sur l'étendue moyenne de la voix, par le nombre de tuyaux dont on jugea convenable de les former. Bientôt la nécessité de les accorder, obligea d'en fixer les dimensions : dèslors le rapport des sons entre eux fut déterminé d'une manière invariable. Jusqu'à ce moment, le chant s'étoit transmis & propagé par simple imitation. Conçu, pour ainsi dire, d'une simple *intuition*, on n'avoit pas songé à le décomposer dans les sons particuliers qui le forment. (N°. 4°.) Le fils avoit suivi les inflexions de la voix du père, sans s'inquiéter des intervalles qui n'existoient pas encore.

Mais, de ce que nous ne saurions déterminer avec certitude ce qui fixa les premières conventions, on n'est pas en droit de conclure qu'elles furent reglées par la nature.

Toute quantité ou qualité n'a d'abord d'autre mesure qu'elle-même : elle est *unité*, parce qu'elle produit en nous une sensation unique. Il faut s'être formé des unités particulières, pour les retrouver dans la *grandeur*; & alors le *nombre* remplace l'*étendue*. Dans une dimension de six toises, par exemple, on ne voit plus que six points distincts ; tout le reste a disparu, & l'on n'a perception que du nombre *six*. Il en est ainsi à l'égard des sons successifs ou simultanés : l'on n'en évalue les différences, qu'après avoir préalablement établi les rapports qui doivent les mesurer ; mais aussi tous les intermédiaires s'évanouissent, & l'oreille n'a conscience que des sons élémentaires qu'elle a choisis pour unités.

C'est ici l'application de l'Arithmétique à la Géométrie, péchant toujours par excès ou par défaut, & nécessairement forcée de s'en tenir à des approximations. Toute *unité* servant de mesure, est nécessairement arbitraire. Tout ce qui fait sensation est l'*unité* de la nature. Mais qui pourra assigner le rapport de chaque organe avec cette *unité* élémentaire ?

En un mot, les nuances des sons suivent les rapports de l'étendue. Chaque longueur d'une même corde, d'un même tuyau, doit donner, & donne en effet un son correspondant. Trop fugitifs pour pouvoir être comparés entre eux, les sons auront donc été reglés sur les dimensions des corps sonores, c'est-à-dire, sur des rapports d'étendue, dans laquelle nous avons vu que l'unité reste toujours arbitraire ; & c'est, en effet, encore sur ces rapports que nous les calculons aujourd'hui.

Tous les peuples-musiciens doivent avoir eu leur échelle : rendre leurs chants par les signes que nous avons adoptés, c'est opérer la réduction d'une mesure dans une autre, en négligeant nécessairement les fractions au-dessous de l'unité de la plus petite espèce.

Ce n'est donc pas une idée aussi simple qu'on pourroit le croire, que celle d'avoir décomposé le chant naturel en sons élémentaires & radicaux. On voit que cette faculté suppose des organes très-exercés, & qu'elle ne sauroit appartenir à des peuples chez lesquels l'art de la Musique n'existoit pas encore. Tout chant dut être alors ce qu'il est aujourd'hui pour des oreilles peu familiarisées avec notre intonation, un son formant *unité* lui-même, & dans lequel on n'avoit sensation déterminée d'aucun autre son particulier. Développons cette idée par une idée plus familière. Qu'un homme, qui ne sait pas lire, prononce un mot : ce mot n'est pour lui qu'un signe unique, formé, pour ainsi dire, d'un seul jet. Mais nous, exercés à la composition & décomposition des mots par les principes de la lecture, nous y distinguons, outre chaque syllabe, le son caractéristique de chaque lettre qui le forme. On peut faire cette épreuve sur soi-même, lorsqu'on entend parler une langue étrangère : on n'y saisit ni coupe de phrases, ni mots, ni syllabes ; c'est une traînée de sons, tous de la même couleur, & parmi lesquels on démêle à peine quelques légères nuances. C'est ainsi qu'un peintre habile distingue souvent un mélange de couleurs, où l'ignorant n'apperçoit qu'une couleur unique.

Il est donc évident que ce n'est pas sur la sensation distincte des sons radicaux, que les peuples furent conduits à décomposer le chant ; c'est, au contraire, en combinant des sons choisis pour élémens, qu'ils parvinrent à former un chant artificiel ; & c'est aussi par cette voie qu'ils acquirent la facilité de les reconnoître, lorsqu'ils se trouvoient par hazard dans le chant naturel, où ils peuvent être compris, comme tous les rapports imaginables le sont dans l'étendue.

Pour trouver notre échelle dans la nature, il reste donc à examiner si, par quelques loix de l'organisation, la voix n'est pas portée naturellement sur nos intervalles. Il est bien certain que ce phénomène n'a pas lieu chez les animaux, dont les cris, ainsi que le chant des oiseaux, ne sont évidemment point réductibles à notre échelle. Cet effet seroit-il particulier à l'organisation de l'homme, & découvriroit-il ainsi le rapport naturel & secret que l'on cherche entre notre mélodie, & le plaisir qu'elle nous fait éprouver ?

La difficulté de plier notre voix à la marche musicale, la nécessité de l'exercer à notre intonation, semblent prouver qu'elle lui est étrangère.

Dira-t-on que nos organes ont été dénaturés par les conventions de la parole ? Mais a-t-on jamais reconnu quelques traces de nos intonations, aucun caractère de notre mélodie, dans les cris & le langage accentué des enfans, encore livrés aux premières impulsions de la nature ?

L'organisation de l'homme ne détermine donc pas la voix à se porter sur nos intervalles. La mélodie d'ailleurs, ne se trouvant alors en rapport naturel qu'avec lui, comment expliqueroit-on cet amour prétendu des animaux pour la Musique ?

C'est donc dans les dimensions des premiers instrumens, déterminées peut-être par des opinions superstitieuses, ou par des circonstances particulières, qu'il faut chercher la première trace de la division des sons, & la formation des intervalles. Ici les règles naquirent, & l'art commença. Ce fut là le premier pas que la Musique fit hors de la nature. Dès ce moment s'élevèrent entre elles des barrières insurmontables. L'échelle diatonique, qui résulta de cette division, rendit à jamais la Musique inhabile à suivre la marche des sons dans leur progression naturelle : elle substitua les tons aux accens ; & les intervalles que la nature remplit, restèrent nécessairemedt vides sous les doigts du Musicien. Telle seroit aujourd'hui la Peinture, si elle étoit bornée à n'employer que les sept couleurs du prisme, pour rendre toutes les teintes de la nature. En effet, l'art procédant par intervalles, & la nature par accens, (N°. 5°.) la Musique, enchaînée dans sa marche, ne peut imiter cette succession de sons, que la nature avoue pour la seule expression des affections de l'ame.

Qu'est-ce donc que la Musique, aujourd'hui ? l'art de lier les sons selon des loix prescrites. Mais, ces loix, sur quels fondemens sont-elles établies ? Ne suffit-il pas de consulter les systêmes des Musiciens qui ont voulu approfondir la théorie de leur art, pour appercevoir l'incertitude des principes sur lesquels on prétend le fonder ? Où trouvera-t-on, dans la nature, un modèle de notre échelle ? Quel chant y est formé d'intervalles exacts, réguliers & appréciables ? Selon les Musiciens, il existe une mélodie naturelle, dont nous avons l'instinct, & qui nous guide en secret dans la composition du chant. Mais sur quoi établir une pareille assertion ? N'est-on pas plutôt en droit de reconnoître, dans cet instinct prétendu, un effet ordinaire de l'habitude, sur-tout lorsqu'on se tourmente inutilement pour lui trouver une origine plausible ?

Tous les peuples, nous-dit-on, ont eu leur Musique. Mais cette Musique étoit-elle la nôtre ?

Tous les peuples ont eu des mesures pour évaluer les grandeurs & les quantités. S'ensuit-il, pour cela, qu'ils aient compté par lieues, par toises, livres, &c. ? & serions-nous bien fondés à prétendre que le pied & ses divisions sont la mesure naturelle des *grandeurs*, parce qu'il nous a plu de les adopter, pour en évaluer les rapports ?

Les nations les plus sauvages ont leurs chants de guerre & leurs chansons de mort. Mais donnera-t-on le nom de Musique à ce qui, parmi nous, doit à peine mériter celui de chant ? Et peut-on penser que leur chant suive des progressions réductibles à notre échelle, tandis que nous, familiarisés dès notre enfance à nos intonations, nous passons des années entières à plier nos organes aux inflexions musicales.

Les oiseaux chantent, ajoute-t-on encore; les cris de divers animaux font un chant véritable. Tout cela dépend de l'acception qu'on voudra donner au mot *chant*. Mais chantent-ils comme nous, ou chantons-nous comme eux ? On aime, on admire le chant du Rossignol ? Mais quel Musicien se chargera d'en noter la basse fondamentale ? La mélodie que nous y trouvons, en est donc tout-à-fait indépendante; cette mélodie n'est donc pas la nôtre;

bien plus, loin de fuppofer nos intervalles, elle les exclut même néceffairement.

Examinons, en effet, l'inftrument avec lequel on parvient à imiter affez fidélement le ramage accentué du Roffignol.

C'eft à l'aide d'un chalumeau, dans l'intérieur duquel fe meut un pifton, qu'on réuffit à rendre les inflexions les plus variées de la voix du chantre du printemps.

Le tuyau, dans lequel on fouffle, alternativement allongé & raccourci par le mouvement continu du pifton, fournit autant de nuances dans les fons, qu'il eft des points compris dans l'étendue qu'il a parcourue. Les fons, loin d'y procéder par intervalles appréciables, ne peuvent s'y lier que par des nuances infenfibles : d'où il fuit qu'un inftrument, organifé par l'art, ne fauroit imiter le chant des oifeaux, tandis qu'un chalumeau groffier, par un effet fimple & naturel, en faifit avec facilité les inflexions les plus rapides & les plus variées.

La Mufique réfifte donc effentiellement à l'expreffion qu'on lui attribue, par les obftacles qui naiffent des premières règles qu'elle s'eft impofées. Loin de favorifer l'imitation, elle met le génie du Muficien aux prifes avec les principes de fon art; & fes efforts les plus victorieux fe réduifent à faifir au hazard quelques cris isolés des passions qu'il se propose d'imiter.

Réduits à douze sons distincts pour tout moyen d'imitation, en vain les Musiciens nous disent que l'oreille n'en apprécie pas d'autres : mais elle les sent; la voix & les instrumens les donnent. Une distance est-elle moins réelle, parce qu'elle se trouve incommensurable avec les unités qu'il nous a plu de choisir ; & doit-on la compter pour rien, parce qu'on ne daigne pas la mesurer ? Il suffit de faire couler le doigt sur un instrument à cordes, pour sentir qu'entre deux tons consécutifs, il est une infinité de sons que la nature donne, que l'oreille distingue, & que la Musique n'admet pas..... Est-ce donc ainsi qu'elle peut prétendre à l'imitation ?

En attaquant les prétentions de la Musique dans les fondemens sur lesquels elle porte, je crois inutile d'examiner en détail la multitude des règles qui enchaînent un art, dont l'essence seroit d'être libre, s'il pouvoit être imitatif. Dans toutes, on voit percer le vague & l'arbitraire ; il en est peu, ou plutôt il n'en est pas, dont on puisse donner d'autre raison que celle de l'usage.

Plusieurs Musiciens, persuadés que le rapport numérique des sons entre eux étoit la source du plaisir que nous fait éprouver une douce mélodie, ont fait de ce plaisir le résultat d'un calcul d'arithmétique. M. *Rameau* a cru en trouver la source dans la résonnance du corps sonore : il déduit la mélodie du principe de l'harmonie; & ce système paroît être le plus suivi. Cependant il s'en faut de beaucoup que la théorie de M. *Rameau* jette un grand jour sur les principes qu'il prétend éclaircir. Voici l'expérience sur laquelle il l'établit. Il observe que si l'on fait vibrer une corde d'une certaine longueur, on entend, outre le son principal, sa douzième & sa dix-septième, qui, réduites à la tierce & à la quinte, en sont les harmoniques. Il se peut que, d'après nos intonations, ces sons soient les seuls que l'oreille puisse rapporter à la progression de notre échelle ; mais il est aisé de se convaincre que la corde vibrante doit en donner beaucoup d'autres. Les rapports d'élévation entre les sons se composant de celui des longueurs, des tensions & des diamètres des cordes vibrantes, il est impossible de pincer fortement une corde, sans occasionner une infinité de variations dans les proportions de ces données. Ces proportions variant à chaque pas entre les deux limites de la vibration la plus étendue ; les sons résultans doivent être considérés comme rendus par autant de cordes de longueur, de diamètre, & de tension inégale. Aussi l'expérience de M. *Rameau* n'a-t-elle jamais lieu que fur des cordes d'une certaine longueur : avec des cordes plus courtes, l'amplitude des vibrations n'eſt pas aſſez étendue pour fournir la même diverſité de ſons.

L'expérience de M. *Rameau* n'a donc pas la généralité qu'elle devroit avoir pour ſervir de fondement à une théorie, & ſon obſervation tient donc moins à la nature du ſon, qu'aux circonſtances particulières qui accompagnent les vibrations. Si l'oreille y ſaiſit la douzième & la dix-ſeptième, ce n'eſt pas qu'elles y ſoient autrement compriſes que beaucoup d'autres ſons; que l'oreille diſtingue, ſans les apprécier. On auroit donc autant le droit d'admettre dans l'harmonie, les ſons que l'on exclut, que ceux que l'on a conſervés. Mais ils n'ont été conſervés que par une ſuite de l'intonation, qui a fourni les moyens de les ſaiſir : c'eſt donc un cercle vicieux, que de les donner comme le vrai fondement de l'échelle, d'après laquelle on les apprécie.

Les règles de l'harmonie & de la mélodie ſont donc purement arbitraires. L'oreille contracte des habitudes, dont elle ne peut ſe défaire : la néceſſité de l'exercer à nos conventions, pour la rendre ſenſible à l'harmonie & à la mélodie, prouve que

cette

cette sensibilité tient à l'éducation qu'on lui a donnée : les sensations que l'une & l'autre nous procurent sont tellement liées à l'habitude, que les vers les plus harmonieux & les mieux cadencés dans une langue, paroissent d'une dureté & d'une rudesse excessive à l'étranger qui ne la connoît pas.

D'ailleurs, l'expérience de M. *Rameau* exige qu'on se serve d'instrumens à cordes : le phénomène qui lui sert de principe n'a pas lieu sur les instrumens à vent ; il est étranger à la voix, à laquelle les instrumens doivent être assujettis. C'étoit donc dans la nature de la voix qu'il falloit chercher les principes de la mélodie ; c'étoit dans l'organisation de l'homme qu'il falloit fouiller, pour découvrir l'analogie naturelle qui pouvoit exister entre la mélodie & le plaisir qu'elle nous fait éprouver. Dira-t-on que, dans la voix même, la douzième & la dix-septième accompagnent le son principal, quoique l'on ne puisse les distinguer ? Si l'on ne peut les distinguer, comment prouvera-t-on qu'elles y existent ? Qu'est-ce, d'ailleurs, que des sons qu'on n'entend pas ? N'est-ce pas par leur rapport avec la voix, que les instrumens se rapprochent, pour ainsi dire, de nous ? & n'est-ce pas nos organes qu'il falloit consulter, plutôt que des instrumens, dont le plus grand mérite ne peut consister

C

que dans une imitation plus parfaite de la voix ?

Mais combien les moyens de la Musique ne seroient-ils pas bornés, si fidelles au principe de M. *Rameau*, les Musiciens n'avoient employé que les chants fournis par la résonance du corps sonore ? Ce même principe donne deux échelles différentes, lorsqu'on veut calculer les sons par des progressions de quinte ou de tierce ; & cependant l'une & l'autre sont, dit-on, comprises dans l'accord donné par la nature !

La résonance du corps sonore ne fournit que des accords parfaits majeurs : ainsi l'on ne sauroit contester que tous les accords parfaits mineurs, les accords de septième, les accords de suspension & de supposition, ne soient dus aux caprices, ou, si l'on veut, à la perfection de l'art. Si la formation de ces accords est arbitraire, il est aisé de voir que leur effet ne tient qu'à l'habitude. Les accords parfaits majeurs furent d'abord les seuls qui eurent le droit de nous plaire. Les accords mineurs révoltèrent long-temps les oreilles Françaises : de-là vint l'usage de la *tierce de Picardie*. Les trouve-t-on aujourd'hui moins doux que les accords majeurs ? Combien ne fut-on pas d'abord effrayé de l'usage des dissonances ? Que de faux-fuyans, que de dé-

SUR LA MUSIQUE. 35

tours, que de règles, pour les faire passer sans murmure ! Aujourd'hui, devenus moins farouches, l'accord de *dominante tonique* nous paroît presque aussi agréable qu'un accord parfait. La *seconde* dut long-temps déchirer les oreilles ; cet intervalle est souvent employé maintenant pour donner une impression voluptueuse. Il y a environ cinquante ans que *Pergoleze* employa la *seconde*, pour peindre la tristesse & l'accablement, dans le premier couplet de son sublime *Stabat* : M. *Piccini* s'en est servi dans une rentrée du charmant *duo* de *Roland* : *Allons, dans une paix profonde*, &c. Chacun de ces grands Maîtres a eu assez de génie pour distinguer ce qu'exigeoient de lui des circonstances différentes. On a trouvé M. *Rameau* pleurant sur un accord de *septième* diminuée : je doute qu'une pareille dissonance coûtât des larmes à quelqu'un de nos Musiciens modernes. Ainsi, en suivant cette progression, l'effet dur & déchirant que nous avons attribué aux dissonances, disparoîtra, effacé peu à peu par l'habitude de les pratiquer & de les entendre. Un jour viendra peut-être que, blasés sur les moyens qui nous émouvoient fortement, nous serons forcés de faire entendre à la fois tous les sons de l'*octave*. N'a-t-on pas vu un Organiste célèbre faire parler en même temps toutes les tou-

C ij

ches consécutives du clavier, pour nous épouvanter par cette peinture du tonnerre ?

D'après ces incertitudes, n'est-on pas en droit de conclure qu'il n'est point en Musique de *beau* réel; qu'elle n'a dans la nature aucun modèle; & dans la raison, aucune analogie avec rien de ce qui doit produire en nous le sentiment du *beau* absolu & indépendant des conventions ? Le *beau*, dans son idée la plus étendue, n'est autre chose que le *bon* rendu, pour ainsi dire, visible ou palpable. Le *beau* naturel & absolu est donc évidemment indépendant de toute convention, puisqu'il est déduit de la nature de l'objet même, & de la juste proportion des *parties* avec la destination du *tout*. Mais, jusques-là, le *beau* n'est encore que le synonime de *parfait* : l'homme ne pouvant aimer que ce qui lui est *utile*, n'a dû trouver agréables que les proportions qui, dans les objets, sembloient promettre des qualités avantageuses pour lui. Du double rapport du *bon* & de l'*utile*, naquit le *beau* relatif à l'homme : mais l'*utilité*, toujours calculée par les passions, ramène la connoissance du vrai *beau* à l'étude du cœur humain, & non à celle de ces stériles & froides proportions, qui, n'ayant aucun rapport avec ses affections, refroidissent l'enthousiasme, & captivent dans un jeu puérile les plus nobles élans du génie.

La beauté de l'homme, considéré en société, dut se composer également du double rapport du *bon* & de l'*utile*. Ses plus belles proportions durent être celles, qui, en lui assurant la vigueur & la santé, nécessaires à son existence, semblèrent promettre en même temps un courage & une adresse propres à rassurer la société contre la terreur des dangers dont elle pouvoit être menacée.

Les opinions sociales étouffèrent insensiblement les idées naturelles : le type primitif du *beau* s'effaça bientôt avec elles. La beauté, bannie des ensembles, se réfugia dans mille détails, qui n'avoient été que sommairement compris dans l'idée générale du *beau*. On n'admira plus un bel homme ; mais on distingua un beau visage & de beaux traits : la beauté réelle des formes fut forcée de céder aux destinations particulières, & relatives aux besoins les plus pressans de la société. Les arts naquirent : la flatterie & l'adulation consacrèrent les imperfections : l'esclavage embellit jusqu'à l'empreinte des chaînes. Alors, chaque nation, chaque société, chaque classe de la société, conçut du *beau* des idées relatives à ses besoins, ses lumières, ses penchans, ses vues, sa gloire, son intérêt, &c.—

C'est ainsi que nous admirons dans le bœuf les qualités qui le rendent le plus propre au labourage.

L'effet du *beau* est de frapper (N°. 6°.) & d'attacher le cœur ou l'imagination. Mais, par la nature même de l'homme, le sentiment que la beauté produit est toujours tacitement lié aux idées d'utilité, de puissance, de force, de courage, de génie, à quelques-unes, enfin, de ces qualités que les hommes voudroient posséder, & dont ils sont jaloux, parce qu'elles jouissent dans la société d'une considération relative à leur influence sur le bonheur, la force, la gloire de la nation. Aussi le guerrier, qui n'aspire qu'aux lauriers cueillis sur un champ de bataille, est-il insensible aux beautés les plus piquantes des arts destinés à nourrir un luxe qu'il méprise.

La *beauté* n'est donc pas plus dans les objets, que le *son* n'est dans le corps sonore : l'une réside dans le cœur ou l'imagination, comme l'autre existe dans l'oreille.

Pour connoître le vrai *beau*, c'est dans la nature de nos affections qu'il faut en chercher la cause, & non dans la nature des objets qui nous ont affectés. Tout ce qui est sans rapport avec ces affections, ne peut avoir qu'une beauté imaginaire & variable comme les opinions. Les passions seules tiennent à la nature de l'homme : la société peut les modifier, mais elle ne sauroit les détruire. Si ces idées sont vraies, il est aisé d'en conclure que, lors même qu'il seroit prouvé que la mélodie naît de l'harmonie, (N°. 7°.) & celle-ci de la résonance du corps sonore, on n'auroit démontré qu'un phénomène de physique, sans analogie avec nos passions. La *beauté*, dans la mélodie, n'auroit également existé que pour ceux qui, connoissant les difficultés de l'art, eussent admiré le génie de l'artiste, qui les auroit vaincues, sans faire violence à l'oreille habituée aux conventions. Mais le vulgaire n'eut jamais eu que la conscience d'un chant plus ou moins agréable, & dont le charme auroit été absolument étranger aux *beautés* admirées par les connoisseurs.

Au reste, on ne doit pas confondre le plaisir physique que produisent les sons, avec l'expression qu'on leur attribue. Seroit-il vrai que les enfans, & les animaux même, fussent sensibles à la Musique ? On prouveroit d'autant moins pour son expression, que les passions, dont on suppose qu'elle imite les accens, ne peuvent être senties ni par les enfans ni par les bêtes. Les uns ni les autres ne sauroient donc être émus par l'expression d'un sentiment qui leur est inconnu. Mais est-il bien vrai que la Musique leur plaise comme Musique, plutôt que comme simple succession de sons, dont la variété les étonne ? Leur plaisir ne tient-il pas à la surprise que produisent toujours en eux les sensations nouvelles ? Enfin, est-il bien nécessaire que les sons soient liés entre eux selon les règles de notre mélodie, pour produire l'effet qu'on croit avoir observé ? Sans avoir répété cette expérience sur beaucoup d'espèces d'animaux, j'ai vu des chiens heurler au son du violon, & n'ai point remarqué de différence dans la manière dont ils étoient affectés, soit qu'on se fût attaché à jouer des airs, soit qu'on n'eût cherché qu'à tirer du son, en promenant les doigts au hasard sur la touche de l'instrument. J'ai fait la même épreuve sur des enfans : leur plaisir paroissoit toujours le même ; le son du violon sembloit les amuser comme celui des grelots attachés à leur hochet. D'ailleurs, que prouveroit-on en faveur de la Musique, en réduisant ses effets au plaisir physique qu'elle procure ? Cet avantage, elle le partage avec tout ce qui peut émouvoir les sens, sans danger pour nous, & sans nous faire éprouver de sensation pénible. Enfin, la Musique, séparée de son expression & de toute idée accessoire, est une plate-bande de tulipes, devant laquelle le fleuriste s'extasie, & à laquelle l'homme sensé ne doit guère qu'un coup-d'œil.

Si les Muſiciens les plus fameux ont ſenti, dans ce point, le foible de leur art; ſi l'inutilité de leurs efforts n'a ſervi qu'à donner plus de poids au reproche dont ils cherchoient à le juſtifier, doit-on être ſurpris qu'un tel art ſoit ſoumis aux caprices de la mode, & qu'il varie ſelon les goûts, les peuples, le langage, &c.? Les ſignes naturels des paſſions tiennent à l'organiſation générale des hommes: l'imitation de ces mêmes ſignes devroit donc paroître la même dans tous les temps & dans tous les lieux. Pourquoi donc cette diverſité d'expreſſions qui s'excluent? Nous bâillons aux opéra de *Lulli*; nos aïeux y pleuroient: leur muſique avoit, pour eux, l'expreſſion que nous trouvons à la nôtre: ils auroient juſtifié leur goût par les mêmes raiſons, c'eſt-à-dire, en nous renvoyant à un ſentiment qui étoit en eux ce qu'il eſt en nous, le fruit de l'habitude.

Si l'on réfléchit que la plupart de nos connoiſſances, celles même que nous regardons comme les plus ſûres, ſont fondées ſur un certain ordre conſtant de ſenſations, on s'appercevra combien il eſt difficile de ne pas croire donné par la nature ce qui n'eſt que le fruit du haſard, des circonſtances, de l'éducation, en un mot, de l'habitude.

C'eſt, en effet, bien moins ſur le rapport que nous appercevons entre nos ſenſations, (N^e. 8e.)

que sur l'habitude de les éprouver ensemble, ou dans un ordre déterminé, que s'établissent en nous une infinité d'opinions. Celle, par exemple, qui nous fait associer constamment l'idée de couleur à celle de surface, au point que nous avons de la peine à imaginer l'une sans l'autre, est fondée, non sur le rapport qui existe entre la couleur & l'étendue, puisque ces sensations, étant d'un ordre différent, ne sauroient avoir aucun rapport entre elles; mais sur l'habitude, qui nous a fait constamment éprouver ces deux sensations à la fois. Aussi, cette abstraction qui nous coûte si fort, un aveugle la fait sans peine, ou plutôt il lui seroit impossible d'avoir l'idée d'un corps avec les qualités dont nous cherchons vainement à le dépouiller.

C'est dans cet ordre de connoissances que se glissent tous nos préjugés ; tandis qu'au contraire celles qui s'établissent sur des rapports clairement apperçus, parce qu'on ne compare que des sensations du même ordre, celles-là, dis-je, ont tout le caractère de la certitude, & sont à l'abri de toute erreur. Telles sont les vérités de la Géométrie, où l'étendue, toujours comparée à l'étendue, laisse appercevoir clairement les égalités & les différences.

On doit donc se défier d'autant plus de l'influence

de l'habitude & du préjugé, qu'on aura à comparer des fenfations de nature différente, & qui ne pourront avoir d'autre rapport que celui de fimultanéité ou de fucceffion. Telles font les idées de *fon* & de plaifir, qui n'ayant rien de commun entre elles, ne peuvent avoir d'autre rapport que celui de liaifon & d'habitude, c'eft-à-dire, ceux qu'ont pu leur donner les hafards des circonftances & de l'éducation.

En faudroit-il davantage, aux yeux de la raifon, pour prouver que l'expreffion eft abfolument étrangère à la Mufique ; que fon empire tient aux mêmes principes fur lefquels eft établie la force & l'énergie du langage ; que l'art en a fait un figne de nos paffions, comme il a fait de la parole celui de nos idées ; avec cette différence que les conventions en étant vagues & tacites, & plutôt l'effet de l'habitude que l'expreffion d'un accord articulé, on eft tenté de croire que la Mufique tient de fa nature un pouvoir qu'elle doit à notre éducation ? Les préjugés s'emparent de nous au berceau : il n'eft point d'enfant qui ne fe foit endormi aux chanfons de fa nourrice.

Mais, comme nous l'avons déjà remarqué, l'ame a de la peine à féparer les fenfations qu'elle éprouve prefque toujours à la fois. C'eft de-là que réfulte pour elle la difficulté des abstractions, & la force du préjugé. On se persuade difficilement que deux sensations, qui se succèdent constamment, n'aient quelques rapports naturels qui les lient l'une à l'autre. C'est sur une pareille illusion qu'est fondée la force des signes pour réveiller l'idée qu'on est convenu de leur faire représenter : elle est telle, que la raison suffit à peine pour nous convaincre qu'il n'existe aucun rapport entre le signe & la sensation qu'il renouvelle. Nous en donnerons bientôt un exemple sensible.

On ne doit donc pas être surpris de la difficulté que l'on éprouve à séparer la Musique de l'expression. Le sentiment semble s'y lier d'une manière si intime & si immédiate, qu'on se persuade à peine qu'il puisse en être indépendant. Rien de plus aisé cependant que l'explication d'un pareil phénomène.

En effet, un air se fait-il souvent entendre avec des paroles capables de renouveler des impressions de plaisir ou de tristesse, l'habitude liera tellement l'air aux paroles, & les paroles au sentiment, que l'un & l'autre en deviendront un signe identique : le chant ne sera qu'une traduction de la parole dans un langage différent ; & tous deux séparément réveilleront la même idée. Mais, comme nous l'avons observé, les conventions n'étant tombées que sur l'acception des mots, l'air en paroîtra mieux lié avec le sentiment qu'il semble exprimer. On prévoit que le chant qui aura le plus de rapport avec celui-là, en sera d'autant plus expressif. Ainsi se formera insensiblement ce goût mobile & fugitif, que l'artiste poursuit sous le nom de la nature.

Rousseau lui-même va nous fournir un exemple bien propre à confirmer cette opinion. Il avoit passé ses premières années auprès d'une tante qu'il aimoit : jamais il n'oublia un air qu'elle sembloit chanter par préférence. Et c'est ainsi qu'il s'exprime dans ses *Confessions* : » Qui croiroit, dit-il, que moi, » vieux radoteur, rongé de soucis & de peines, » je me surprends à chanter ces petits airs d'une » voix cassée & tremblante ? » Il ajoute, quelques lignes plus bas : « Je ne sais où est le charme atten-» drissant que je trouve à cette chanson ; mais il » m'est de toute impossibilité de la chanter, sans » être arrêté par mes larmes. » Je le demande au Musicien le plus sensible : Quel autre effet auroit produit la Musique la plus touchante & la plus expressive ? Qui pourra s'empêcher de reconnoître ici la force de ce sentiment intime, fruit des premières habitudes ? Les paroles, car *Rousseau* les rapporte, n'avoient rien d'attendrissant : l'air étoit encore bien inférieur aux paroles : mais l'un &

l'autre, liés dès l'enfance au sentiment d'une vive tendresse, en étoient devenus le signe, & le rappelloient à son cœur, en dépit des nouvelles habitudes. Qui jamais entendit, sans la plus douce émotion, l'air favori d'un objet qu'il a tendrement aimé ? Quoiqu'il soit mauvais au jugement de l'art, l'ame se révolte contre le goût, & s'obstine à lui trouver une expression, qui n'existe que pour elle.

Mais écoutons *Rousseau* lui-même nous citer un exemple du pouvoir de l'habitude.

» J'ai ajouté, dit-il dans son Dictionnaire de
» Musique, au mot *Musique*, j'ai ajouté dans la
» même *Planche* le célèbre *Rans-des-Vaches*, cet
» air si chéri des Suisses, qu'il fut défendu sous
» peine de mort de le jouer dans leurs Troupes,
» parce qu'il faisoit fondre en larmes, déserter
» ou mourir ceux qui l'entendoient, tant il exci-
» toit en eux l'ardent désir de revoir leur pays.
» On chercheroit en vain dans cet air les accens
» énergiques, capables de produire de si étonnans
» effets. Ces effets, qui n'ont aucun lieu sur les
» étrangers, ne viennent que de l'habitude, des
» souvenirs, de mille circonstances, qui, retra-
» cées par cet air à ceux qui l'entendent, & leur
» rappellant leur pays, leurs anciens plaisirs, leur
» jeunesse, & toutes leurs façons de vivre, exci-

» tent en eux une douleur amère d'avoir perdu
» tout cela. La *Musique* alors n'agit point précisé-
» ment comme *Musique*, mais comme signe mé-
» moratif. Cet air, quoique toujours le même,
» ne produit plus aujourd'hui les mêmes effets qu'il
» produisoit ci-devant sur les Suisses, parce qu'ayant
» perdu le goût de leur première simplicité, ils ne la
» regrettent plus quand on la leur rappelle. Tant il
» est vrai que ce n'est pas dans leur action physique
» qu'il faut chercher les plus grands effets des sons
» sur le cœur humain ! »

Tout devient expressif pour une ame sensible : un arbre, un rocher, une cabane, asyle du bonheur & de l'innocence, suffisent pour arracher des larmes d'attendrissement ; tout, jusqu'au silence même, parle à celui qui sait l'entendre. L'émail des prés, le chant des oiseaux, l'horreur des forêts, tout a son expression & son langage ; mais tous ne les doivent qu'aux idées qu'ils renouvellent, aux souvenirs qu'ils rappellent : c'est parce qu'ils n'expriment rien, qu'ils ont le pouvoir de tout exprimer. C'est ainsi que la Musique parle au cœur ; elle agit sur nous comme signe, & non par imitation. Les modulations qu'elle emploie n'ont pas plus de rapport avec nos affections, que l'arbre & la cabane qui les réveillent. Le chant du rossignol, qui nous charme dans les bois, nous déplaît lors même qu'il est le plus parfaitement imité. (N°. 9°.) Ce n'est que par des accessoires, indépendans des sons & des couleurs, que le chant & la verdure disposent l'ame aux plus douces émotions; leur énergie est toute dans les circonstances : c'est toujours l'imagination qui leur prête une expression qui leur est étrangère. Voilà pourquoi le chant des oiseaux nocturnes nous paroît effrayant. L'imagination, créant des fantômes dans l'obscurité des nuits, peint d'une couleur lugubre tous les objets qu'elle enveloppe de ses ombres. Si, dans ce moment où l'ame est frappée d'une sombre horreur, le cri du hibou se fait entendre; il prend le caractère de nos idées, & devient, pour ainsi dire, le signal & l'expression de l'effroi.

La langue la plus favorable aux progrès & à la certitude de nos connoissances, seroit sans doute celle où chaque sens auroit son langage bien déterminé, & dans laquelle les opérations de l'esprit & les passions de l'ame seroient désignées par des expressions propres. Les métaphores, en transportant le physique dans le moral, nous abusent continuellement, confondent les notions, altèrent les rapports, matérialisent, si je puis m'exprimer ainsi, ce qui n'a aucune relation avec les qualités matérielles.

rielles. Ce double emploi des signes jette nécessairement dans la confusion, assimile des choses absolument hétérogènes, & rapproche souvent les objets les plus éloignés par leur nature. Ce défaut de richesse dans les langues se fait visiblement sentir dans les arts, qui, manquant d'expressions propres pour désigner certains rapports nouvellement apperçus, sont obligés de les emprunter d'un langage qui leur est étranger. C'est ainsi qu'en Peinture, on veut de la *mollesse* dans les contours, de la *suavité* dans le coloris : on admire, en Musique, le *brillant* de l'exécution ; on aime des sons *veloutés*, une mélodie *suave* ; on redoute l'*âpreté* des dissonances, la *dureté* des accords, &c., &c.

Les arts gagnent sans doute quelquefois à l'introduction de ces expressions étrangères. L'effet d'un seul se renforce des sensations puisées dans tous les autres. Le charme des sons s'embellit de l'éclat des couleurs : on goûte, pour ainsi dire, la Musique par tous les sens à la fois : elle en réveille, en quelque sorte, toutes les sensations, parce que les sons en sont devenus les signes. L'illusion pénètre jusqu'à l'ame par toutes les avenues, s'empare d'elle, &, sans lui laisser le temps de se reconnoître, la promène dans un monde d'enchantemens & de prestiges.

Mais auſſi, comptant trop ſur des richeſſes étrangères & illuſoires, les arts négligent ſouvent de tirer de leur fonds des tréſors plus réels & plus ſolides. Ce n'eſt qu'après avoir épuiſé ceux qui leur ſont propres, qu'ils devroient ſe permettre de chercher ailleurs de nouveaux moyens. Ce n'eſt même qu'avec la plus grande circonſpection qu'il leur convient d'en faire uſage. Tout avantage a ſes abus. Ils ſont ſenſibles, de nos jours, dans l'afféterie & le jargon précieux qu'on fait parler à la Peinture & à la Muſique. Avant d'introduire dans les arts des expreſſions nouvelles, il faudroit les examiner avec ſoin, & n'adopter que celles qui, embraſſant les rapports les plus étendus, diſpenſent d'avoir recours à de pareilles reſſources. Leur multiplicité, en paroiſſant agrandir les moyens de l'art, affoiblit chaque impreſſion particulière, & pourroit enfin détruire le preſtige.

Voilà, je penſe, le ſecret de ce charme magique que la Muſique exerce ſur nous. Ses accens ſont autant de bulles légères, chargées des couleurs de tous les objets qui les environnent : le ſouffle du plaiſir les enfante, & celui de la raiſon ne les détruit qu'à regret.

C'eſt donc, en grande partie, à des ſecours étrangers que la Muſique doit ſon expreſſion : c'eſt par leur moyen qu'elle se glisse du domaine d'un sens dans celui d'un autre, pour les captiver tous à la fois. Mais, ce que l'illusion y gagne, la vérité le perd. Quand on veut remonter aux principes, l'habitude a tellement renversé, confondu, altéré les rapports, que la raison a de la peine à remettre chaque chose à sa véritable place.

Ce que nous venons d'observer va devenir bien sensible, par un exemple pris de la Musique.

La raison démontre qu'il ne peut exister de vrais rapports, &, par conséquent, d'imitation qu'entre les quantités de même espèce : des relations prises dans l'étendue ne peuvent convenir à ce qui n'est pas étendu. Les rapports de distance ne sauroient convenir aux sons, inétendus de leur nature, & n'occupant de lieu que dans notre oreille. On ne peut donc pas les imaginer séparés par des intervalles, ni porter entre eux l'*unité* qui mesure les grandeurs. On ne dit pas d'une *odeur*, d'une *saveur*, d'une *couleur*, que l'une soit ou plus *haute* ou plus *basse* qu'une autre : on n'est pas mieux fondé à porter cette expression dans les sons. Les degrés d'élévation sont des rapports de distance : les sons ne sont donc pas susceptibles de cette évaluation ; puisque n'ayant de lieu que notre oreille, on ne peut assigner ni leur position ni leur éloignement respectif. Cependant les expressions de *haut* & de *bas*, qui nous sembleroient si ridicules, appliquées aux odeurs, aux saveurs, &c., nous paroissent si naturelles lorsqu'on les porte dans les sons, que la force d'une démonstration suffit à peine pour nous empêcher d'y voir une liaison réelle avec les rapports qu'ils expriment. Nous ne sommes pas choqués d'entendre parler d'un son plus *haut* ou plus *bas* que l'autre ; nous le serions, si l'on nous parloit d'un son plus *oriental* ou plus *méridional*. Cette comparaison doit nous faire sentir que, sans déranger aucune relation naturelle entre eux, on eût pu appeller *haut* le son le plus grave, & *bas* le son le plus aigu. Cependant, quel Musicien ne seroit révolté de cette transposition, & ne croiroit y voir un contre-sens des plus grossiers? J'en appelle aux Musiciens de bonne foi : à quoi se réduiroit l'effet de notre Musique actuelle, si de nouvelles habitudes venoient jamais consacrer ce renversement ? Les sons ne peuvent donc, dans cette circonstance, être considérés que comme les signes de ces rapports étrangers à leur nature ; mais signes tellement liés par l'habitude aux sensations qu'ils réveillent, que la réflexion fait presque inutilement des efforts pour les séparer, & a de la peine à ne pas les confondre. Cependant ces faux rapports ont guidé le grand nombre des compositeurs, & les guideront encore.

C'est sur des illusions de ce genre qu'est fondée la magie de la Musique. L'abus des mots, qui couvriroit de ridicule les prétentions de cet art à l'imitation, devient la source des effets les plus sûrs dans la Musique considérée comme langage. L'énergie d'une langue dépend toujours de la force qui lie les signes aux idées : elle est au plus haut point, lorsque l'ame les confond ; & si la Musique avoit par-tout la même précision, elle seroit le plus puissant de tous les arts.

Ce que nous venons de remarquer sur la force des signes, nous fait aisément sentir ce qui manque encore à la Musique, pour devenir le plus simple, & en même temps, le plus énergique de tous les langages. C'est la précision, qui détermine l'énergie des langues ; c'est elle qui constitue la force de l'éloquence.

Mais cette énergie ne peut résulter que de conventions bien déterminées, qui établissent invariablement l'acception des signes. Quelle force n'auroit donc pas la Musique, si, aux charmes de la mélodie, elle joignoit les avantages de l'éloquence ; si des conventions mieux fixées dispensoient le Musicien d'imiter le mauvais Peintre, & d'écrire, autour du cadre, le sujet de ses tableaux ? C'est alors que, souverain de la nature, il commanderoit aux passions, les appaiseroit ou les exciteroit à son gré; comme le maître des tempêtes soulève & calme les flots de la mer.

Les Grecs, ce peuple si voluptueux & si passionné, qui, les premiers, tournèrent la Musique vers l'expression, furent aussi les premiers qui sentirent les difficultés que l'art opposoit à la nature. Ne pouvant faire déclamer la Musique, ils firent chanter la déclamation : celle-ci, liée aux grands effets de l'éloquence, les transporta dans la Musique, qui cherchoit à l'imiter. La déclamation fut alors à la Musique, ce qu'est la prose à la poésie : elles ne diffèrent que par le mouvement & la cadence, qui seules donnent au chant & au mètre le charme qui nous séduit.

C'est donc en se rapprochant de nos principes, que les Grecs donnèrent à leur Musique ce degré d'énergie qui nous étonne. On sait encore que, chez eux, chaque passion avoit son mode particulier : ce mode en étoit donc le signe représentatif, & l'ame des auditeurs ne pouvoit s'y méprendre. C'est à cette précision que la Musique dut l'empire qu'elle exerça sur ce peuple sensible. On regardera toujours comme un prodige l'extrême facilité avec laquelle le Musicien faisoit succéder la tristesse à la joie, la fureur à la tendresse, en parcourant leurs modes divers.

L'utilité des beaux-Arts est de fortifier l'esprit national : (N°. 10°.) la poésie, qui chante les héros ; l'éloquence, qui les consacre à l'amour & à la reconnoissance ; la sculpture, la peinture, qui en fixent l'image, pour la graver dans tous les cœurs, sont comme autant de traits de feu, qui enflamment nos ames de l'amour de la patrie & du désir de la gloire. Il semble que les Grecs avoient, bien mieux que nous, apprécié cette influence : l'importance qu'ils attachoient aux plus légères innovations en Musique, nous paroît aujourd'hui minutieuse, & peut-être puérile ; mais elle suppose en eux un sentiment bien réfléchi du pouvoir des beaux-arts sur l'esprit des nations ; elle prouve, en même temps, la confiance qu'ils avoient dans l'ascendant de la Musique, & combien ils le croyoient dépendant de l'habitude. En effet, avant que celle-ci eût consacré les adoptions nouvelles, la Musique eût perdu, pour un temps, une partie de sa puissance. Liée avec la poésie, dont elle animoit les accens, elle lui devoit aussi sa force & son énergie. De cet accord, qu'eût troublé une combinaison nouvelle, résultoit un ascendant impérieux, & à l'aide duquel la République pouvoit, à son gré, remuer les esprits, les enflammer, les calmer ou les soumettre. C'étoit dans des jeux solemnels, au milieu des fêtes, que, par la voix des beaux-arts, elle se faisoit entendre aux peuples rassemblés : c'est-là que le concours de mille circonstances concentroit un foyer actif & brûlant, où tous les cœurs venoient s'embraser de l'amour de la patrie & de la gloire. Toute innovation eût affoibli cette union intime, ce sublime concert, formé de l'accord de tous les arts : c'eussent été autant de mots étrangers introduits dans une langue harmonieuse & sonore ; & lorsque, par la succession des temps, l'habitude lui eût rendu sa première énergie, elle n'eût peut-être plus trouvé d'oreilles disposées à l'entendre. On voit, par-là, comment la Musique se trouvoit liée à la politique ; & l'on ne sera pas surpris si *Platon* n'a pas craint de dire que le plus léger changement dans la Musique entraîneroit une révolution dans la République. On sera moins étonné si les peuples la regardèrent comme un bienfait des Dieux ; mais alors, devenue sacrée par son origine, il ne dut plus être permis aux hommes d'y toucher.

Enfin, pour nous convaincre du pouvoir des circonstances, dont nous faisons honneur au charme naturel des sons, & prouver en même temps quelle est leur influence sur les esprits, imaginons que, sur un instrument sans éclat, nous entendions une marche militaire; elle ne fera sur nous qu'une légère impression. Qu'alors le son aigu de la trompette se fasse entendre; l'émotion redouble, la tête s'étonne : mais qu'à ce concert se joignent les accens du clairon, le bruit des timbales, le cliquetis des armes, le fracas du canon, l'imagination s'échauffe, le cœur s'enflamme; plus de soldat, pas de Français qui ne soit un héros.—Et cependant on n'admire, dans ces effets, que le pouvoir de la Musique..... Tant il est vrai que c'est toujours le soldat qui gagne les batailles, tandis que le général, lui seul, jouit des honneurs du triomphe !

Cet effet n'a pas échappé aux habiles Musiciens : l'emploi des instrumens ne leur a point paru indifférent à l'impression qu'ils se proposent de faire naître. Dans tous ils reconnoissent un caractère d'expression propre & invariable; ils n'emploient pas indifféremment le haut-bois, le cor ou la trompette. Ce n'est pas qu'il y ait aucun rapport entre la tendresse & le son du haut-bois, entre le cor & la passion de la chasse, entre la trompette & les combats : mais c'est sur la flûte & le haut-bois qu'on nous peint les bergers soupirant leurs amours; c'est dans les forêts que le cor se fait entendre ; les sons aigus de la trompette percent au travers du bruit des armes, & des cris des combattans. Veut-on réduire l'expression des sons à l'effet qui leur est propre ? qu'on transporte sur le haut-bois l'air destiné à la trompette : on n'entendra plus qu'un chant, agréable peut-être, mais, à coup sûr, sans chaleur, sans expression, sans couleur & sans vie. Il est donc inutile de chercher dans la nature des sons la source des effets que nous leur voyons produire. Quel pouvoir tiendroient-ils de la nature, que l'habitude & les circonstances ne puissent leur donner ? Qu'on se rappelle l'effet du *Rans-des-Vaches*, l'exemple de *Rousseau* lui-même ; qu'on résume, en un mot, toutes les preuves que nous avons développées, & l'on se convaincra qu'on explique par les effets de l'habitude, ce que la Musique ne sauroit ramener à aucun principe démontré ni plausible.

Les bornes d'une lecture ne m'ont pas permis d'analyser, dans leur détail, les principes de cet art enchanteur ; mais ce que nous avons observé suffit pour persuader, qu'enchaînée par une multitude de règles arbitraires, étrangères à l'imitation, la Musique prétend en vain à l'expression qu'elle s'attribue. Alors, elle rentre dans la classe des langues ; & son pouvoir est fondé sur la force & l'illusion des signes. Mais, sous ce nouveau point de vue, combien la Musique n'est-elle pas éloignée de la perfection ! Que d'obstacles s'y opposent ! Un enthousiasme aveugle des artistes, qui, trop occupés de la sensation du moment, ne réfléchissent pas au principe dont elle émane ; cette prévention funeste, qui, donnant trop de confiance à la force de l'art, en perpétue la foiblesse ; l'embarras de reconstruire sur un plan régulier un système monstrueux, mais consacré par l'usage : telles sont & seront long-temps encore les difficultés qui arrêteront les progrès de l'art : ce n'est que par une marche lente, & une progression insensible, qu'il peut arriver à la perfection ; mais ce n'est que la connoissance des vraies causes des effets qu'il produit, qui peut lui découvrir le but, & l'y conduire.

Si l'on réfléchit sur les principes que nous venons d'exposer, ne sera-t-on pas tenté de conclure avec nous, qu'il n'est point de meilleure Musique que celle que l'habitude & l'usage ont consacrée ; que ses perfections n'ayant dans la nature aucun modèle déterminé, le goût seul a le droit de prononcer sur ses beautés mobiles & fugitives.

Mais le goût est-il autre chose que la faculté de démêler les convenances fondées sur les opinions du moment, & la facilité d'en apprécier & rendre les nuances ? Qu'il s'étudie donc à les saisir, l'Artiste, qui ose aspirer à la gloire de charmer sa nation ! qu'il sache descendre jusqu'aux caprices même de son siècle, pour l'élever insensiblement à la hauteur de son propre génie ! mais qu'il n'oublie jamais que ses succès, brillans & légers comme ses accords, vont bientôt s'évanouir avec eux.

Je n'ose cependant me flatter d'avoir détruit un préjugé si cher au sentiment. Qu'une voix enchanteresse se fasse entendre : le prestige va renaître ; & la raison, de nouveau séduite, cédera, sans regret, au charme de l'illusion.

NOTES.

(NOTE Iere.)

Pag. 18. — *Les cris & les geftes.....*

Ce feroit une erreur de penfer que notre déclamation & nos geftes foient ceux de la nature. La déclamation tient évidemment au génie des langues : nos geftes font foumis à une infinité de conventions religieufes, métaphyfiques & morales, qui dénaturent en nous la pantomime primitive. L'opinion qui place les affections dans le cœur, les idées dans le cerveau, la pitié dans les entrailles, les Dieux fur nos têtes, les enfers fous nos pieds ; toutes ces opinions, dis-je, ont abfolument altéré le gefte de la nature. Tranfportons nos meilleurs acteurs dans un pays, où la religion ait établi les Dieux au centre du globe ; où les Démons, miniftres des tempêtes, habitent le féjour du tonnerre ; où l'ufage du poignard foit inconnu ; dans un pays, enfin, où la réflexion paffe pour une opération du cœur, & la tête pour le fiége de nos affections : ces mêmes acteurs, dont un feul gefte nous glace d'effroi, dont un feul regard, un feul mot, nous font verfer des larmes, ne paroîtront plus que des perfonnages ridicules. C'eft ainfi que nous fommes modifiés par nos habitudes, dans ce qui nous femble l'expreffion la plus fimple & la plus naïve de nos fentimens. Certaines opinions font tellement naturalifées en nous, que nous ne daignons pas les examiner; ne foupçonnant pas même qu'elles puiffent être des préjugés. Alors, jettant un coup d'œil de pitié fur les autres nations, qui s'avifent d'être d'une couleur différente de la nôtre, ou qui ofent ne pas chanter, danfer ou s'habiller comme nous, nous ne reffemblons pas mal à ce Marquis Français, qui, tranfporté à Londres, fe moquoit des Anglais, & leur trouvoit un air tout-à-fait étranger.

NOTE 2e.

Pag. 19. — *que les premiers befoins de la fociété avoient déjà fait éclore.....*

Malgré le fentiment de quelques philofophes, j'ofe croire que le langage des chofes a dû précéder celui des affections. Il eft une infinité de manières d'exprimer, par le gefte, que l'ame eft affectée :

mais les objets des diverses affections deviennent d'autant plus difficiles à désigner, qu'ils se multiplient davantage. Ce fut donc l'objet, & non l'affection, qu'il fallut d'abord nommer. Il est tant d'autres façons de dire, *je vous hais, je vous méprise, je vous aime !*.... Aujourd'hui même, le langage le plus expressif est un regard, & le silence.

NOTE 3ᵉ.

Pag. 20. — *sous le nom commun de* Musique....

Par *Musique*, les Anciens entendoient la réunion de presque tous les arts. Il semble, d'après cela, que nos *Opéra* ne sont pas absolument d'invention moderne. Nous verrons plus bas comment la Musique, devant la plus grande partie de son pouvoir à la Poésie, parvint à se passer de son secours. Aujourd'hui, fille ingrate, elle ose presque insulter à sa mère : le Poëte est devenu l'esclave du Musicien. A la vérité, *ce qui ne vaut pas la peine d'être dit, on le chante* : mais vaut-il bien la peine de *dire* ce qui doit être chanté ? La Poésie, étouffée par le bruit, est entièrement méconnue & dégradée. Il n'en étoit pas de même chez les Grecs : le Poëte y partageoit la gloire du Musicien : la Poésie y conservoit sa noblesse & sa dignité : les instrumens, à l'unisson de la voix, lui prêtoient de la force, sans dénaturer ses accens. La Poésie & la Musique étoient deux Graces, amies, quoique rivales, qui brilloient ensemble, sans s'éclipser.

NOTE 4ᵉ.

Pag. 22. — *les sons particuliers qui le forment....*

Si la nécessité d'accorder les instrumens, rendit indispensable de fixer irrévocablement le rapport des sons entr'eux ; l'idée de transmettre, par des signes, les diverses inflexions de la voix, eût occasionné bientôt cette révolution dans la Musique. Tant que le chant se transmit par imitation, on ne dut être assujetti à aucun intervalle déterminé ; mais il eût fallu nécessairement les fixer, lorsqu'on auroit voulu que tel signe exprimât tel rapport des sons. Sans cela, deux Musiciens, chantant la même note, n'auroient pas été sûrs de rendre le même air.

NOTE 5ᵉ.

Pag. 27. — *& la nature par accens....*

Qu'entend-on par chanter avec goût ? n'est-ce pas,

pas, souvent, suppléer à l'accent, que la Musique ne peut saisir, par des inflexions assez décidées pour être senties, & trop fines pour être évaluées en aliquotes de notre échelle? N'est-ce pas, en partie, à ce *goût*, qu'un morceau de Musique doit son expression? Cette expression n'appartient-elle pas plus à la sensibilité du Musicien, qu'à la suite des notes qu'il exécute. Sans cette sensibilité, qui constitue le *goût*, le morceau le plus pathétique reste sans chaleur & sans vie. Sans cette expression de *goût*, la mélodie ne seroit, le plus souvent, qu'une succession de cris désagréables.

NOTE 6ᵉ.

Pag. 38. — *L'effet du* beau *est de frapper*....

Un homme de génie (*) a dit que nous voyons tout en Dieu ; il eût été peut-être plus philosophique de dire que l'homme ne voit rien qu'en lui-même : c'est toujours sa force, son courage, son adresse, son génie, qu'il compare ; ce sont ses intérêts qu'il calcule : il s'établit la mesure commune de ce qui le frappe. C'est sous ce rapport,

(*) Le Père *Mallebranche*.

qu'il aime, qu'il hait, qu'il méprise, ou qu'il admire.

Le *beau*, dont l'effet est d'attacher, ne peut donc exister que dans un rapport d'intérêt entre l'homme & l'objet qui le frappe. Pour que ce rapport soit invariable, il faut que les deux termes, dont il est formé, restent les mêmes, ou proportionnellement les mêmes : si l'un des deux vient à changer, le rapport varie nécessairement avec lui, & le *beau* s'évanouit.

Or, tout objet étant invariable, puisqu'il est déterminé ; le rapport de l'objet à l'homme, qui constitue le sentiment du *beau*, dépendra nécessairement des dispositions variables ou invariables de chaque individu, qui forme le second terme du rapport.

Pour assigner le caractère du *beau* immuable, le problème se réduit donc à chercher, dans la nature de l'homme, un sentiment général, autour duquel roulent & s'ordonnent toutes ses affections, dont toutes les passions ne soient que le développement, & dans lequel elles se résolvent : ce sentiment est l'amour de lui-même ; il tient essentiellement à son existence, ou plutôt son existence en est réellement dépendante.

La faculté qui se lie le plus immédiatement à

l'existence de l'homme par la nature de ses besoins, est la *force*, qui le rend le maître des objets de son désir. Elle est pour l'homme l'attribut le plus souverainement *utile* : sans elle, son amour de lui-même seroit vain, & son existence bientôt détruite. Le premier rapport sous lequel l'homme se compare, est donc celui de la *force* : c'est du rapport de sa *force* avec les objets de ses besoins, que naît en lui le premier sentiment d'espérance, de plaisir ou de douleur. Placée, pour ainsi dire, entre lui & la chose qu'il désire, elle devient l'arbitre de ses jouissances ; & le sentiment de sa *force* est ainsi pour l'homme la mesure du bonheur.

La *force* doit donc être le premier objet de son ambition ; par-tout il doit en rechercher, chérir & respecter l'empreinte ; elle doit devenir le premier motif de ses *préférences* ; ses effets devront toujours le frapper & l'attacher par leur rapport avec son bonheur. Elle formera donc le premier & immuable caractère du *beau*. Elle en sera la mesure ; car le *beau* est ce qui frappe, ce qui attache, & ce que l'on préfère. Mais cette mesure est elle-même relative. La *force* n'est rien d'absolu, & n'exprime qu'un rapport. L'enfant le plus fort est foible auprès d'un athléte. D'où il suit que, quoique chez tous les hommes le sentiment du *beau*

E ij

soit fondé sur le même principe, on ne sauroit en conclure qu'ils doivent trouver *beaux* les mêmes objets.

Cependant, par la nature bornée de l'homme, il existe pour lui un *maximum* de *force* : tout ce qui supposera un effort au-dessus de ce *maximum*, sera jugé *beau* par tous les hommes. Tels seront les phénomènes de la nature.

Le *beau* étant pour nous un rapport de *force*, le sentiment du *beau* peut naître également, dans l'homme, de l'ignorance de ses forces, & du sentiment de sa foiblesse. L'ignorant & l'homme éclairé trouvent tout *beau* ; l'un, parce qu'il ne connoît pas l'étendue de sa puissance ; l'autre, parce que, chaque jour, il en voit clairement les bornes. Mais l'un *s'étonne*, & l'autre *admire*. L'*étonnement* & l'*admiration* forment donc deux nuances distinctes dans le *beau* ; & le sentiment en est d'autant plus vif, que ces deux nuances se confondent, & entrent dans l'impression que l'objet fait sur nous.

La nature a lié tous les êtres sensibles à l'existence par le plaisir, & au plaisir par les besoins. Nous avons vu que la *force* en étoit le moyen ; & le sentiment de cette *force*, la mesure du bonheur. La société, considérée comme un individu sensible, verra donc également son bonheur dans sa force ;

NOTES.

comme l'homme, elle en aimera, recherchera & préférera les monumens, ou du moins elle se plaira dans le sentiment qu'ils excitent.

Mais, pour la société, le mot *force* devient *puissance*; celle-ci doit se prendre pour l'ensemble des qualités avantageuses au bonheur de la *société*, dans l'ordre de leur subordination. Ici le *beau* s'étend, & se complique. Relatif au degré d'estime que les nations accordent aux diverses facultés de l'homme, il doit varier, non dans sa notion abstraite, mais dans son rapport avec les mêmes objets; parce que tous ne sont pas, dans tous les lieux, également ennoblis par l'opinion.

La préférence se portera donc nécessairement sur les qualités, qui, jouissant dans la société du plus haut degré d'estime, promettront à celui qui les possède la plus grande somme de bonheur. Elles deviendront l'objet de l'ambition : l'homme ne voudra plus encenser que les idoles chéries de son cœur ; & l'idée essentielle de *force*, circonscrite dans un certain nombre de qualités qu'il estime, déterminera le domaine du *beau*.

Ainsi, chez une nation, où la civilisation est portée au plus haut point, où la *puissance* naît plus de l'*art* qui enchaîne les intérêts, que de la *force* qui les défend; chez laquelle l'art & le génie sont tout, & la force ou l'adresse presque rien, on admirera le génie de l'architecte, qui, par des coupes hardies & savantes, enchaîne & suspend dans les airs des masses énormes, sans songer aux bras vigoureux qui les ont élevées. Ces monumens fameux de la population d'un vaste empire, ces pyramides, qui attestent la puissance des anciens Rois de l'Égipte, seront *belles* pour des peuples grossiers ; cependant la *puissance* la plus estimée des peuples civilisés, celle du génie, ne s'y montre pas ; elles étonnent le voyageur éclairé, mais il ne peut les admirer.

Il est cependant un *beau* commun à toutes les nations, c'est celui qui se déduit du besoin commun à toutes les sociétés.

La société ayant par-tout le même but, celui de réunir des hommes, a dû se fonder sur des principes généraux, invariables, & déterminés comme le but qu'elle se propose. Les loix, qui sont les expressions des premiers besoins de la société, sont donc immuables : tels sont les préceptes de la loi naturelle.

Or, ces loix exigent que chaque individu se dépouille d'une partie de lui-même pour l'intérêt commun : de cet effort naît la vertu ; c'est-à-dire, le *beau moral*. La société se divisant en peuples, nations, &c.; chacune se gouvernant d'après ses lumières, il a dû exister des *vertus politiques*, relatives à l'esprit de chaque gouvernement : de-là le *beau politique*.

Mais chaque gouvernement, sous ce point de vue, ayant pour besoin commun, celui de se défendre, le mépris de la vie aura dû être admiré par toutes les sociétés en corps de nation. De-là il suit que tout sacrifice fait à l'amitié, à l'amour paternel, &c., sera trouvé *beau* par-tout, comme tenant aux principes généraux de sociabilité. Le courage, le dévouement à la patrie, le mépris de la mort, de la fortune, &c., seront trouvés généralement *beaux*, comme étant le fondement de toute société, sous forme de nation. Quant à quelques-autres *vertus politiques*, elles ne seront *belles* que dans l'enceinte des frontières. Chez une nation belliqueuse, il est *beau* de venger une injure : chez un peuple doux & pacifique, il est *beau* de la pardonner. Mais *Cornélie*, exposant sa liberté pour allaiter son père dans les fers; mais *Decius*, s'immolant pour le salut de Rome, seront admirés de toutes les nations.

Sous quelque forme que le *beau* se présente à nous, nous reconnoîtrons donc l'idée fondamentale de *force* appliquée à tout objet, qui, par l'intérêt qu'il inspire, est digne de fixer l'attention des hommes. Nous verrons toutes les nations civilisées rechercher, dans les arts, l'empreinte du génie, parce que le génie est le souverain de l'univers, & la plus puissante des facultés des hommes réunis en société. La richesse, la noblesse, la grandeur, ne brilleront que de l'éclat qu'elles lui doivent : mais c'est toujours l'idée, plus ou moins développée, de *force* & de *puissance*, qui sera le caractère du *beau*. Il n'existera pour nous que pas le sentiment de la difficulté vaincue.

De ces principes il suit, 1°. que le *beau* n'est point dans les objets ; & que ce n'est pas dans le juste rapport de chaque partie avec le tout, qu'il faut en chercher l'unique source : ce n'est encore là que le *bon*.

2°. Que, dans l'amour de l'homme pour le *beau*, il ne faut pas confondre l'objet avec le sentiment. Nous pouvons nous plaire dans l'admiration, sans en aimer la cause ; rien de plus redouté que les tempêtes, les volcans, les incendies, & toutes les convulsions de la nature ; & cependant rien de plus beau ! on tourne la tête, en les fuyant : on aime le *beau* comme la *gloire* ; on le poursuit au travers des dangers.

3°. Que si la *richesse* & l'*éclat* entrent quelquefois dans le sentiment du *beau*, c'est parce que l'un &

NOTES.

l'autre accompagnent la *puissance*, & en sont presque toujours les signes.

4°. Que s'il est difficile de créer le *beau* dans les arts, ce n'est que parce que l'on n'a appellé *beau* que le *difficile*.

5°. On appelle souvent *beau* le *rare*, parce que l'on suppose que la *rareté* des objets ne provient que des difficultés qui s'opposent à leur production. D'ailleurs de la *rareté* du *beau*, on a conclu à la *beauté* du *rare*, par l'habitude qui, associant ces deux idées, réveille l'une par l'autre.

6°. Que si l'homme a dû rechercher dans sa compagne les proportions, qui, sur des analogies vraies ou fausses, lui promettoient les qualités propres à faire son bonheur, leur ensemble n'aura été encore que *bon* ; il l'aura jugé *beau*, lorsque la *rareté* de ces ensembles lui aura fait soupçonner que la nature avoit quelques difficultés à vaincre pour les produire. Aussi est-il vrai que si toutes les femmes étoient également *belles*, elles ne seroient plus qu'également *bonnes*.

7°. Que le *beau*, dans les productions des arts, n'existe que pour ceux qui en apprécient les difficultés. Que le *facile*, le *naturel*, ne produisent sur le commun des hommes que du plaisir sans admiration. Des vers faciles & doux sont agréables pour le public qui les écoute : le Poëte les trouve *beaux*, & les admire, parce qu'il fent tout ce qu'ils ont dû coûter.

8°. Que, s'il eft des fens qui n'aient point leur *beau*, c'eft que le génie ne peut faire rien pour eux. Les combinaifons qui nous donnent une odeur agréable, une faveur exquife, ne font que le réfultat du tatonnement : les méditations les plus profondes, les plus grands efforts du génie ne fauroient prévoir ni calculer les effets d'un mêlange : les odeurs ou faveurs, qui en réfultent, pourront donc être trouvées agréables, mais jamais *belles* ; l'efprit ne fauroit s'y faire une idée de difficulté vaincue : d'ailleurs, les fens, étrangers aux grandes paffions qui meuvent les fociétés, ne font pas affez ennoblis par l'opinion, qui quelquefois même les flétrit.

9°. En un mot, on peut comparer le *beau* à un arbre immenfe ; le *cœur humain* eft le fol où il prend naiffance ; le *bon* & l'*utile* en font les racines ; la *puiffance* forme le tronc ; l' *richeffe*, la *grandeur*, l'*éclat*, la *nobleffe*, la *décence*, &c., en font les branches.

10°. Que les philofophes, dont l'un a vu le *beau* dans l'*utile* ; & l'autre, tour-à-tour, dans la *force*, la *richeffe*, l'*intelligence*, &c. n'avoient qu'un pas de plus à faire pour fe rencontrer : l'un a pris l'arbre par les racines ; l'autre, par les branches ; l'un s'est arrêté trop bas ; l'autre, trop haut.

NOTE 7ᵉ.

Pag. 39. — *la mélodie naît de l'harmonie....*

» 1°. Qu'entend-on par ce principe si légérement avancé, que *l'harmonie engendre la mélodie* ? Des Musiciens de bonne foi avouent ne pas l'entendre ; & j'ignore si ceux qui l'ont adopté le voyoient d'une manière plus précise & plus claire. L'harmonie est un composé de plusieurs sons simultanés ; la mélodie, au contraire, consiste en des sons successifs : d'après cela, comment des sons simultanés engendreront-ils des sons successifs ? Si l'on me dit que *l'ut* de la basse fondamentale donne *mi* & *sol* pour les autres parties, comment indiquera-t-il les notes qui devront suivre mi & sol ; ou, ce qui revient au même, former un chant, une mélodie ? Ces nouveaux sons seront engendrés, me dira-t-on, par de nouvelles basses fondamentales : mais la seule basse fondamentale, *sol*, *ut*, peut servir à une infinité de chants divers. Voyez combien cette génération est arbitraire !

2°. Le système de M. *Rameau* explique si peu la formation de l'échelle du mode mineur, que cette échelle est diversement graduée en France & en

Italie ; tout le monde fait que la fixte de la tonique étoit majeure chez nos anciens auteurs, tandis qu'elle eft mineure chez tous les grands maîtres de l'Italie. Croient-ils même fortir du mode mineur de *la*, lorfque, dans l'accord de fixte fuperflue, ils emploient le *re* dièze, accompagné par un *fa* naturel ? Je voudrois bien favoir comment ce *fa* peut engendrer un pareil intervalle ? Enfin, le mode mineur paroît fi fort devoir fon exiftence à l'art, que toutes les perfonnes qui ne font pas encore bien familiarifées avec notre chant muſical, éloignent conſtamment d'un ton la fenfible de la tonique, lors même qu'elles montent de la première de ces notes fur la feconde. La plupart des airs de plainchant que nous rapportons à notre mode mineur, font ainſi conftruits. Je prie les Muficiens de bonne foi de s'affurer de la vérité de ces faits. »

Parlez, chantez, danfez, a femblé dire la nature à tous les hommes réunis en fociété : mais c'eft une permiffion qu'elle leur donne, & non une loi qu'elle leur impofe. *Chante*, *parle*, & *danfe* qui *veut* ou qui *peut* ; mais toujours comme il *veut* ou comme il *peut* : il n'eft ni Grammaire, ni Mufique, ni Danfe de la nature. En un mot, notre mufique & notre mélodie font, dans la nature, comme l'italien, le français, le menuet & le pas de rigodon. Et, de ce qu'il eſt naturel à l'homme de chanter, on ne doit pas conclure qu'il ſoit plus aſſujetti à chanter de telle manière, qu'à parler tel langage, ou à former tels ou tels autres pas en danſant.

NOTE 8ᵉ.

Pag. 41. — *le rapport que nous appercevons entre nos ſenſations.....*

Suivons la plupart des opinions qui ont ſervi de baſe à nos ſyſtêmes ; en examinant ſur quels fondemens elles portent, on ſe convaincra combien on doit être en garde contre cette eſpèce d'évidence qu'on pourroit rapporter à l'inſtinct.

Nous avons affirmé long-temps, & nous penſons encore que la communication du mouvement ne peut avoir lieu que par le choc. Ces deux idées, de choc & de communication, ſont tellement liées dans notre eſprit par leur ſimultanéité, que c'eſt inutilement que nous cherchons à les ſéparer ; de manière que là où le mouvement ne ſe manifeſte pas par le choc, nous ne pouvons nous empêcher de le ſuppoſer : &, pour cela, il ne nous en coûte rien de créer un fluide de plus. D'après cela, ſans doute, on ſoupçonneroit que nous appercevons quelque rapport entre le choc & le mouvement communiqué : point du tout. On ne conçoit rien à l'acte par lequel le mouvement passe du corps choquant dans le corps choqué.

C'est donc l'habitude de voir le mouvement se transmettre par le choc, qui fait toute la difficulté que nous éprouvons à séparer ces deux idées. Mais supposons, ce qui est très-possible, un homme qui n'eût jamais vu d'autres phénomènes de mouvement que la chûte des corps graves, les merveilles de l'aimant, quelques expériences de l'électricité, &c. on ne peut douter que notre principe, *qu'il n'est pas de mouvement sans impulsion*, ne se fût changé en celui-ci, tout aussi évident pour lui, *il n'est pas de mouvement sans attraction* ; conclusion d'autant plus légitime, qu'il n'eût été témoin d'aucun phénomène qui eût pu lui laisser le moindre doute. Alors il eût rejetté l'*impulsion*, qu'il n'eût pu concevoir, & l'auroit reléguée avec les qualités occultes. Forcé de reconnoître un accord entre le choc & la communication du mouvement dans les phénomènes qui désormais se seroient présentés à lui, il n'auroit pas manqué de le supposer l'effet d'une *attraction* déguisée. Munis de ces deux principes contradictoires, deux philosophes, chacun dans son opinion, n'en feront pas moins un beau système de l'univers. Mais, qu'après avoir disposé des mondes à leur gré, ils daignent revenir sur la terre, & qu'ils s'avisent, quoique un peu tard, d'examiner quel eſt, en eux & dans tous les animaux, le principe du mouvement: ils conviendront que, " du particulier au général, il ne faut rien conclure en bonne logique ; & que la nature, féconde en ſes moyens, peut à ſon gré varier ſes loix, & ſe jouer du philoſophe.

Nos principes de métaphyſique n'étant qu'une généraliſation, ſi je puis le dire ainſi, plus étendue de nos principes phyſiques, ſont ſujets aux mêmes reproches. Prétendre, en effet, qu'*il n'eſt rien ſans une cauſe*, c'eſt dire, quoiqu'à la vérité, plus généralement, qu'*il n'eſt pas de mouvement ſans moteur*. En un mot, voici le développement de cet axiome de métaphyſique.

Nous n'avons jamais vu d'horloge qui n'ait été faite par un horloger; point de maiſon qui n'ait été bâtie par un architecte ; point de mouvement dans un corps, ſans communication apparente ou ſuppposée: donc tout a ſa cauſe. On voit ici, que le rapport de la cauſe à l'effet ne tient qu'à la ſimultanéité dont nous avons parlé ; & que la concluſion, *donc il n'eſt rien ſans une cauſe*, n'eſt que le réſultat de ce raiſonnement : Nous n'avons jamais vu les choſes autrement ; donc elles ſont toujours & en tout de même.

On ne doit donc pas être ſurpris qu'un tel principe

ne conduise à rien, ou qu'après nous avoir promenés dans un enchaînement à l'infini, il nous laisse précisément au même point d'où nous sommes partis. On connoît ces machines dont le moteur est un homme renfermé dans une vaste roue qui tourne sous ses pas : il a eu l'air de monter, toute la journée ; la nuit le retrouve exactement à son premier niveau, qu'il n'a jamais perdu. Telle est l'image de la Philosophie & du Philosophe, qui s'appuie sur des principes pareils à celui que nous avons développé. Concluons donc que chaque ordre de connoissances a ses élémens particuliers; & qu'il est dangereux de porter, en métaphysique, des principes de méchanique dont la probabilité est suffisante pour établir quelques vérités pratiques & d'analogie, mais qui ne doivent qu'au pouvoir de l'habitude l'évidence dont ils sont pour nous.

NOTE 9e.

Pag. 48. — *le plus parfaitement imité....*

A l'ombre d'un bois, livré à mes rêveries, j'entendois le chant dialogué de deux rossignols : mon ame s'ouvroit aux plus douces émotions : des larmes d'attendrissement humectoient mes paupières. Ce concert agreste avoit mille fois plus de charmes pour moi, que les plus brillantes compositions de l'art.

l'art. Un bruit léger m'arrache à moi-même : je me retourne, & vois deux bergers qui, dans cette scène champêtre, joûoient le rôle de rossignol. Aussi-tôt mon cœur dilaté se referme : je n'entends plus qu'un bruit fatigant ; je me lève avec humeur, & vais chercher plus loin un asyle contre ces modulations importunes.

NOTE 10ᵉ.

Pag. 55. — *de fortifier l'esprit national....*

C'est sous ce point de vue, qu'il convient d'envisager les encouragemens que l'État donne souvent aux artistes pour les progrès de l'art. Tel officier qui murmure d'une pension accordée à un Poëte ou à un Musicien, est bien loin de se douter qu'il doit peut-être à l'un ou à l'autre sa valeur & sa gloire. En exposant sa vie, il n'a fourni qu'un homme à la patrie ; telle scène de *Corneille* a pu lui en donner mille. L'opinion est la reine du monde ; & le génie est le maître de l'opinion. Les beaux-arts, enfans du génie, ont le plus grand empire sur les passions des hommes ; ils donnent de l'énergie à la force, & de la force à la foiblesse : par eux, un poltron devient soldat ; & le soldat un héros. Il est tel brave qui n'a dû son courage qu'au tambour qui bat à la tête de son régiment. Un grand acteur, une excellente pièce de théâtre ont peut-être plus influé sur le gain d'une bataille, que le guerrier qui en est revenu couvert de blessures. Mais une nation ne punit, ni ne récompense; elle intimide, ou encourage. L'artiste disparoît à ses yeux; elle n'apprécie que l'art, qui ne peut exister que par lui.

FIN.

www.ingramcontent.com/pod-product-compliance
Lightning Source LLC
LaVergne TN
LVHW050619090426
835512LV00008B/1560